ORDONNANCE DU ROY,

Portant réglement sur les Revûes des Commissaires des guerres, & les Décomptes de l'Infanterie françoise & étrangère.

Du premier Juillet 1749.

A PARIS,
DE L'IMPRIMERIE ROYALE.

M. DCCXLIX.

ORDONNANCE
DU ROY,

Portant réglement sur les Revûes des Commissaires des guerres, & les Décomptes de l'Infanterie françoise & étrangère.

Du premier Juillet 1749.

DE PAR LE ROY.

SA MAJESTE voulant prévenir les abus qui pourroient s'introduire dans les Revûes des Commissaires des guerres, & procurer aux Capitaines de ses troupes d'Infanterie françoise & étrangère, les moyens d'entretenir leur compagnie pendant la paix, & en réparer les pertes, Elle a ordonné & ordonne ce qui suit:

ARTICLE PREMIER.

LES Commissaires des guerres, à commencer du premier novembre prochain, feront leurs revûes tous les deux mois, du 20 au 30 du premier mois, pour servir au

A

payement de la subsistance des troupes d'Infanterie françoise & étrangère. Ces revûes seront faites par appel, sur le contrôle que chaque Capitaine dressera la veille de la revûe, des hommes dont sa compagnie est composée, lequel sera certifié véritable & signé par lui, les Officiers subalternes, & les Sergens de la compagnie; & en l'absence du Capitaine, le premier Officier subalterne de la compagnie, sera tenu de dresser ce contrôle.

Les contrôles des compagnies seront remis au Colonel du régiment, &, en son absence, au Lieutenant-colonel, & à son défaut, au Commandant du corps, par lequel ils seront visez, ainsi que par le Major, & en l'absence de ce dernier, par l'Aide-major ou autre Officier chargé du détail, après avoir vérifié s'ils sont conformes au livre du contrôle général du régiment : le Major les remettra ensuite au Commissaire des guerres, au moment de sa revûe, pour en faire l'appel compagnie par compagnie, qui à cet effet seront mises en haie, les Officiers à leur tête.

Il sera envoyé aux Majors des modèles de ces contrôles, pareils à celui joint à la présente ordonnance, contenant par colonnes le nom de baptême & de famille, celui de guerre, l'âge, la taille & le lieu de la naissance de chacun des hommes de la compagnie; & dans la dernière colonne il sera marqué ceux qui seront présens sous les armes, les absens par congé, depuis quel temps, pour combien de temps, & les lieux où ils sont allez ; & les malades, tant à l'hôpital de la place, qu'à la chambre & aux hôpitaux externes, en spécifiant le nom de la place de l'hôpital externe, & depuis quel temps ils y sont.

Ces contrôles seront joints aux extraits de revûe, que les Commissaires des guerres enverront au Secrétaire d'état ayant le département de la guerre, qui fera faire des vérifications des Soldats absens ou malades aux hôpitaux externes; & en cas d'infidélité reconnue dans ces contrôles, le Commandant du corps sera interdit, & privé de ses appointemens pendant un mois; il sera retenu un mois d'appointemens au Major, ou autre Officier chargé du détail, qui les aura visez; le Capitaine de la compagnie sera mis en prison pendant six mois, & conservera cependant ses appointemens, pour qu'il ne soit pas privé des moyens d'entretenir sa troupe; les Officiers subalternes de la compagnie seront mis en prison pendant un mois, & privez de leurs appointemens; & les Sergens seront cassez & mis en qualité de simples Soldats à la queue de la compagnie. Le Major, ou autre Officier chargé du détail, sera tenu de représenter le livre du contrôle général du régiment au Commissaire des guerres, lorsqu'il en sera par lui requis, pour y faire les vérifications qu'il jugera nécessaires.

I I.

SA MAJESTÉ étant informée que ce qui a été précédemment prescrit aux Commissaires des guerres sur les revûes, n'est pas exactement observé; & voulant renouveller ici les dispositions énoncées dans les ordonnances rendues en differens temps à ce sujet, Elle entend qu'ils se conforment à l'avenir à ce qui leur est ci-après ordonné.

I I I.

LES Commissaires des guerres, avant de faire leurs revûes, en demanderont la permission aux Gouverneurs ou Commandans des places, qui ne pourront la leur refuser sans des raisons dont ils informeront sur le champ le Secrétaire d'état ayant le département de la guerre : ces Commissaires avertiront les Majors des places quelques jours avant, du jour & de l'heure qu'ils auront pris pour faire la revûe; & ces derniers en préviendront les Officiers-majors des régimens; qui, de leur côté, en informeront les Capitaines, afin qu'ils tiennent leurs contrôles prêts, pour être remis aux Commissaires des guerres au moment de leurs revûes, auxquelles les Officiers-majors des places se trouveront, & veilleront à ce qu'il ne s'y passe aucun abus.

I V.

TOUTES les gardes, postes, & les travailleurs, même

aux travaux du Roi, des bataillons qui passeront en revûe ; seront généralement relevez par d'autres bataillons de la garnison ; & au cas qu'il n'y en eût qu'un dans la place, les gardes & postes seront relevez par la compagnie des Grenadiers, & si elle ne suffit pas, par des compagnies entières, qui passeront ensuite en revûe devant le Commissaire des guerres : l'intention de Sa Majesté étant que tout ce qui se trouvera dans la place, soit présent à l'appel, pour y répondre en personne.

V.

LES Soldats malades, tant aux hôpitaux de la place, qu'aux hôpitaux externes, seront compris dans les revûes pour le nombre employé sur le contrôle qui en sera remis aux Commissaires des guerres par les Officiers, lesquels répondront de la vérité, ainsi qu'il est porté par l'article premier de la présente ordonnance.

A l'égard des hôpitaux de la place, défend Sa Majesté aux Directeur & Contrôleur, sous peine d'un an de prison, & d'être privez de leur emploi, d'y recevoir des enfans, domestiques ou gens estropiez ou défectueux, qui leur seroient présentez à la veille des revûes, pour les faire passer sur le pied de Soldats malades.

Sa Majesté, en rappellant les dispositions de son ordonnance du 20 avril 1717, portant réglement pour les hôpitaux de ses troupes, veut & entend qu'au jour marqué pour les revûes, le Directeur de l'hôpital remette au Commissaire des guerres, un état de tous les Soldats qui y seront alors malades, signé & certifié de lui. Défendant Sa Majesté audit Directeur & au Contrôleur, de laisser sortir, ledit jour de revûe, aucun Soldat de l'hôpital (& à cet effet la consigne en sera donnée par les Officiers-majors de la place aux sentinelles de garde aux portes de l'hôpital) jusqu'à ce que le Commissaire, après sa revûe, s'y soit transporté, pour procéder à la vérification dudit état, qui devra être conforme aux contrôles qui lui auront été remis par les Officiers.

Quant aux Soldats déclarez malades à la chambre, le

Commissaire

5

Commiſſaire des guerres ſera tenu, immédiatement après ſa revûe, de s'y tranſporter pour en faire l'appel, & les comprendra dans ſa revûe.

V I.

Tout paſſe-volant qui ſera dénoncé, ſera arrêté ſur le champ, conduit en priſon, & condamné aux galères per-pétuelles ; & il ſera délivré au dénonciateur ſon congé abſolu, & la ſomme de cent livres ſur les appointemens du Capitaine, lequel, ainſi que les Officiers ſubalternes & les Sergens de la compagnie, encourront la punition portée par l'article premier de la préſente ordonnance.

Tout artiſan, domeſtique, ou autre non engagé, ſera puni comme paſſe-volant.

Tout Soldat d'un régiment, qui ſera ſurpris dans un autre pour y paſſer en revûe, ſera auſſi puni comme paſſe-volant ; & il en ſera uſé de même à l'égard d'un Soldat du même régiment qui ſe préſenteroit à la revûe dans une autre compagnie que celle où il ſeroit engagé.

V I I.

Les Officiers ſeront tenus à chaque revûe, de porter les armes affectées à leur charge, même les Enſeignes leur drapeau déployé ; & lorſque la troupe défilera devant le Commiſſaire des guerres, les Soldats porteront leurs armes, & les tambours battront aux champs.

V I I I.

Les Commiſſaires des guerres ne comprendront les Officiers dans leurs revûes, que du jour de leur récep-tion au corps ; Sa Majeſté leur défendant très-expreſſé-ment d'y faire mention des nouveaux Officiers qui en-treront dans le ſervice, auxquels Elle auroit fait expédier des commiſſions, lettres ou brevets, pour des charges où ils n'auroient pas encore été reçus ; & à cet effet ils con-tinueront à marquer l'emploi vacant, juſqu'à ce que l'Of-ficier qui doit le remplir, ait joint le corps, & alors il ſera mention dans la première revûe où il paſſera préſent, de

B

la date de fa commiffion, lettre ou brevet, ainfi que du jour de fa réception au corps, à commencer duquel il fera payé de fes appointemens: Entend néanmoins Sa Majefté, que les Officiers qui monteront à de nouveaux grades dans les mêmes corps pendant le temps d'un congé ou femeftre, jouiffent des appointemens attribuez à leur nouveau grade, à compter de la date de leur lettre, en rejoignant leur troupe à l'expiration de leur congé ou femeftre.

I X.

LES Commiffaires des guerres feront mention dans les extraits de revûe, des emplois vacans, depuis quand ils le font, les noms des Officiers qui les rempliffoient, & fi c'eft par mort, abandonnement ou autrement.

X.

ILS marqueront dans chaque extrait de revûe, les Officiers abfens, le jour de leur départ, le lieu où ils font allez; fi c'eft par femeftre ou congé, & pour combien de temps, ainfi que ceux qui fe feront abfentez fans per-miffion de Sa Majefté, & depuis quel temps.

X I.

DÉFEND Sa Majefté aux Commiffaires des guerres de marquer fur leurs extraits de revûe, aucun Officier abfent par congé, lorfqu'il fera parti du régiment avant l'arrivée dudit congé; & en ce cas, le Major fera tenu de le remettre au Commiffaire des guerres, qui le renverra au Secrétaire d'état ayant le département de la guerre, pour être annullé.

X I I.

LES Officiers rejoignans leur corps à l'expiration de leur femeftre ou congé, feront tenus de prendre un certificat de leur arrivée du Commiffaire des guerres, vifé du Commandant de la place, qu'ils remettront au Tréforier, qui, en conféquence dudit certificat & de ceux de non-payement, leur fera le décompte de leurs appointemens pendant leur abfence.

X I I I.

LES Commiffaires des guerres feront mention dans les premières revûes qu'ils feront aux troupes qui arriveront dans leur département, du jour qu'elles y font arrivées, & de celui que leur payement devra commencer; en obfervant de rappeller dans cette première revûe, les jours qu'elles auront marché en vivant de leur folde : à cet effet les Majors feront tenus de leur repréfenter les certificats des Commis de l'extraordinaire des guerres des lieux d'où lefdites troupes feront parties, juftifiant du temps qu'ils auront ceffé de les payer, & les originaux des routes fur lefquelles elles auront marché, pour connoître les jours pendant lefquels elles n'auront pas reçu l'étape dans les lieux où il n'eft pas d'ufage d'en fournir, & il en fera fait mention dans l'extrait de revûe, pour que le décompte puiffe leur en être fait.

Les Commiffaires des guerres marqueront pareillement fur leurs extraits, le jour du départ de chaque troupe, & le nombre de jours que la fubfiftance devra lui être payée dans la place jufqu'à celui de fon départ exclufivement.

Lorfqu'un régiment partira d'une garnifon pour fe rendre dans une autre, la revûe lui fera faite à fon arrivée, ou peu de jours après, pour fervir au payement de la fubfiftance des jours qui refteront à expirer du mois dans lequel il aura marché, & le fuivant en entier; c'eft-à-dire, que s'il a marché pendant une partie du mois de janvier, il lui fera fait une revûe pour les derniers jours de janvier & celui de février en entier; fi au contraire il n'a marché que pendant une partie de février, les derniers jours dudit mois feront compris & rappellez dans la revûe qui lui fera faite pour fervir au payement de la fubfiftance des mois de mars & avril, & le même ordre fera obfervé dans tous les autres mois de l'année : l'intention de Sa Majefté étant que fi un régiment étoit en marche pendant le mois de mai en entier, ou qu'il n'arrivât à fa deftination que dans les derniers jours dudit mois, le décompte du complet accordé par l'article XVIII ci-après de la présente ordonnance, soit réglé sur la revûe du mois de juin, qui n'embraffera point celui de juillet, ce dernier mois devant être joint avec celui d'août.

X I V.

LES extraits de revûe feront dreffez par les Commiffaires des guerres, dans la forme précédemment prefcrite, & dont il leur fera envoyé des modèles.

X V.

CES extraits de revûe feront fignez par les Commiffaires des guerres & par les Gouverneurs des places, ou, en leur abfence, par les Lieutenans de Roy ou Commandans, & par les Majors: & lorfque lefdits extraits contiendront plufieurs feuilles, elles feront fignées fur toutes par les fufnommez, à peine auxdits Officiers & Commiffaires des guerres, de répondre des abus qui pourroient être commis en y inférant des feuilles différentes.

Et dans les lieux où il n'y aura point d'Etat-major, le Commiffaire des guerres fera tenu d'en faire mention, & fignera feul.

X V I.

LES Commiffaires des guerres enverront dans le courant du mois qui fuivra celui où ils auront fait leurs revûes, des extraits au Secrétaire d'état ayant le département de la guerre; & ils remettront en même temps de pareilles expéditions à l'Intendant de la province, au Tréforier de la place, ainfi qu'aux munitionnaires des vivres & autres fourniffeurs.

X V I I.

ORDONNE Sa Majefté qu'il ne foit accordé de congé abfolu ni limité à aucun Sergent ni Soldat, du premier mai-jufqu'au femeftre; défendant aux Commiffaires des guerres de les comprendre dans leurs revûes : fon intention étant que tous les Soldats reftent à leurs drapeaux pendant l'été, afin d'être en état d'agir où Elle jugera à propos de les employer. A l'égard de l'hiver, Sa Majefté

permet

permet qu'il foit accordé trois congés limitez par compagnie, dans celles qui font compofées de quarante & de
trente-cinq hommes, quatre pour celles de foixante
hommes, cinq pour chacune de celles de foixante-douze &
foixante-quinze hommes, fept pour celles de cent, & neuf
pour celles de cent vingt hommes; lefquels Soldats abfens
par congé feront compris dans les revûes des Commiffaires des guerres. Aucun de ces congés ne fera délivré
qu'il n'ait été préalablement préfenté au Commiffaire des
guerres, qui le vifera & en tiendra un contrôle exact; &
au départ d'un régiment, il remettra une copie fignée de
lui, à l'Officier chargé du détail, de ceux qui fe feront
abfentez par congé, pour la préfenter au Commiffaire
des guerres fous la police duquel le régiment paffera.

X V I I I.

IL continuera d'être fait tous les deux mois fur chaque
revûe, un décompte définitif, tant de la fubfiftance des
troupes que du pain: mais Sa Majefté ayant déterminé
de faire vérifier avec la plus grande exactitude, au mois
de mai de chaque année, l'état de fes troupes d'Infanterie
par les Infpecteurs généraux, fur les ordres qu'Elle leur
fera expédier pour fe rendre dans les différentes places
où elles tiendront garnifon ; Elle entend que lefdits
Infpecteurs conftatent alors leur fituation, le nombre
d'hommes qu'il y aura à chaque compagnie, & leur
qualité, qu'ils réforment ce qui s'y trouvera de défectueux, & qu'ils établiffent par leurs revûes ce que chaque
Commiffaire devra comprendre dans la fienne. Ordonne
à cet effet Sa Majefté, auxdits Commiffaires, de ne
procéder à la revûe qu'ils feront dans le mois de mai,
que conjointement avec lefdits Infpecteurs, ou ceux
qui feront commis par Sa Majefté pour en faire les
fonctions, qui les préviendront des jours qu'ils feront
l'infpection de chaque corps. Et dans le principe que Sa
Majefté s'eft fait de donner aux Capitaines les moyens
néceffaires pour rétablir leur compagnie dans le courant

de l'hiver, bien entendu qu'ils en auront profité, & qu'ils auront fait tous leurs efforts pour mettre leur troupe dans l'état convenable à son service; Veut Sa Majesté, que sur les revûes des Commissaires des guerres, qui seront faites, relativement à celles des Inspecteurs, dans le mois de mai 1750, & dans le même mois des années suivantes, jusqu'à ce qu'il en soit autrement ordonné par Sa Majesté, il soit fait, par le Commis de l'extraordinaire des guerres, chargé du payement de la troupe, un supplément de décompte aux compagnies de Fusiliers, suivant les gradations ci-après expliquées.

S Ç A V O I R ,

INFANTERIE FRANÇOISE. Celles des bataillons de l'Infanterie françoise, qui passeront à ladite revûe de mai à quarante hommes, auront le supplément de décompte du complet, & trois payes de gratification pendant les six mois d'hiver, du premier novembre au dernier avril.

A trente-neuf hommes, le décompte du complet & deux payes de gratification pendant quatre mois, du premier janvier au dernier avril.

A trente-huit hommes, le complet & une paye de gratification pendant trois mois, du premier février au dernier avril.

Et à trente-sept hommes & au dessous, aucun supplément de décompte, ni paye de gratification pendant lesdits six mois d'hiver, à tel nombre qu'elles aient passé aux revûes de ces six mois.

RÉGIMENT ROYAL-ARTILLERIE. Celles des cinq bataillons du régiment Royal-Artillerie, qui passeront à soixante-douze hommes, recevront le supplément de décompte du complet, & sept payes de gratification pendant les six mois d'hiver.

A soixante-onze hommes, six mois de supplément de décompte, & six payes de gratification.

A soixante-dix, quatre mois de supplément, & cinq payes de gratification.

A soixante-neuf, quatre mois de supplément, & quatre payes de gratification.

A foixante-huit, trois mois de fupplément, & trois payes de gratification.

A foixante-fept, trois mois de fupplément, & une paye de gratification.

Et à foixante-fix & au deffous, aucun fupplément ni paye de gratification.

Celles des cinq compagnies de Mineurs, qui pafferont *MINEURS.* à foixante hommes, recevront le fupplément de décompte du complet, & fix payes de gratification pendant les fix mois d'hiver.

A cinquante-neuf, fix mois de fupplément de décompte, & cinq payes de gratification.

A cinquante-huit, quatre mois de fupplément, & quatre payes de gratification.

A cinquante - fept, quatre mois de fupplément, & trois payes de gratification.

A cinquante-fix, trois mois de fupplément, & deux payes de gratification.

Et à cinquante-cinq & au deffous, aucun fupplément ni paye de gratification.

Celles des cinq compagnies d'Ouvriers, qui pafferont *OUVRIERS.* à quarante hommes, recevront le fupplément de décompte du complet, & quatre payes de gratification pendant les fix mois d'hiver.

A trente-neuf hommes, quatre mois de fupplément, & trois payes de gratification.

A trente-huit, trois mois de fupplément, & deux payes de gratification.

Et à trente-fept hommes & au deffous, aucun fupplément ni paye de gratification.

Celles des fix régimens Irlandois & des deux régimens *IRLANDOIS* Ecoffois, qui pafferont à trente-cinq hommes, recevront *&* le fupplément de décompte du complet, & trois payes de *ECOSSOIS.* gratification pendant les fix mois d'hiver.

A trente - quatre, quatre mois de fupplément de décompte, & deux payes de gratification.

A trente-trois, trois mois de fupplément, & une paye de gratification.

Et à trente-deux hommes & au deffous, aucun fupplément ni paye de gratification.

RÉGIMENT ROYAL-ITALIEN.

Celles du régiment Royal-Italien, qui pafferont à quarante hommes, recevront le fupplément de décompte du complet, & cinq payes de gratification pendant les fix mois d'hiver.

A trente-neuf, quatre mois de fupplément de décompte, & trois payes de gratification.

A trente-huit, trois mois de fupplément, & deux payes de gratification.

Et à trente-fept hommes & au deffous, aucun fupplément ni paye de gratification.

RÉGIMENT ROYAL-CORSE.

Celles du régiment Royal-Corfe, qui pafferont à quarante hommes, recevront le fupplément de décompte du complet, & quatre payes de gratification pendant les fix mois d'hiver.

A trente-neuf, quatre mois de fupplément de décompte, & trois payes de gratification.

A trente-huit, trois mois de fupplément, & deux payes de gratification.

Et à trente-fept hommes & au deffous, aucun fupplément de décompte ni paye de gratification.

DIX RÉGIMENS ALLEMANDS.

Celles des régimens d'Infanterie allemande d'Alface, Saxe, la Marck, Royal-Suédois, Royal-Bavière, Lowendal, Naffau-Saarbruck, Ferfen, la Dauphine, & Saint-Germain, qui pafferont à foixante-quinze hommes, recevront le fupplément de décompte du complet, & neuf payes de gratification pendant les fix mois d'hiver.

A foixante-quatorze, fix mois de fupplément de décompte, & fept payes de gratification.

A foixante-treize, quatre mois de fupplément, & cinq payes de gratification.

A foixante-douze, quatre mois de fupplément, & quatre payes de gratification.

A foixante-

A soixante-onze, trois mois de supplément, & trois payes de gratification.

A soixante-dix, trois mois de supplément, & deux payes de gratification.

Et à soixante-neuf & au dessous, aucun supplément ni paye de gratification.

Celles des régimens Allemands de Bergh & de Royal-Pologne, qui passeront à cent hommes, recevront le supplément de décompte du complet, & douze payes de gratification pendant les six mois d'hiver.

RÉGIMENS ALLEMANDS DE BERGH & ROYAL-POLOGNE.

A quatre-vingt-dix-neuf, six mois de supplément de décompte, & dix payes de gratification.

A quatre-vingt-dix-huit, quatre mois de supplément, & huit payes de gratification.

A quatre-vingt-dix-sept, quatre mois de supplément, & six payes de gratification.

A quatre-vingt-seize, trois mois de supplément, & quatre payes de gratification.

A quatre-vingt-quinze, trois mois de supplément, & deux payes de gratification.

Et à quatre-vingt-quatorze & au dessous, aucun supplément ni paye de gratification.

Celles des neuf régimens Suisses & Grisons, composées de cent vingt hommes avec les Officiers, qui passeront à cent quinze hommes, les Officiers non compris, recevront le supplément de décompte du complet de la solde, pendant les six mois d'hiver, du premier novembre au dernier avril.

SUISSES & GRISONS.

A cent quatorze, cinq mois de supplément de décompte, du premier décembre au dernier avril.

A cent treize, quatre mois de supplément, du premier janvier au dernier avril.

A cent douze, trois mois de supplément, du premier février au dernier avril.

A cent onze, deux mois de supplément, du premier mars au dernier avril.

Et à cent dix & au deſſous, aucun ſupplément de décompte du complet de la ſolde.

A l'égard des payes de gratification , comme elles ſont
affectées pour la majeure partie, au payement des appointemens des Officiers de la compagnie ; & Sa Majeſté
entrant d'ailleurs dans la conſidération des dépenſes auxquelles le Capitaine eſt obligé , pour l'entretien de ſa
troupe , Elle veut bien que le décompte des vingt-ſept
payes , dont le Capitaine jouit en conſéquence de l'ordonnance du 10 décembre 1748 , lui ſoit fait à chaque
revûe, pendant toute l'année, à tel nombre d'hommes
que les compagnies y paſſent.

X I X.

LE décompte définitif de la ſolde & du pain , devant
être fait comme à l'ordinaire, ſur le pied du nombre
d'hommes qui exiſtera à chaque revûe , il ſera fait raiſon
au Capitaine ſur la revûe de mai, de la paye entière
du Soldat, dans le ſupplément de décompte du complet
de l'hiver, accordé par l'article ci-deſſus; au moyen de
quoi il ne ſera point queſtion d'aucun ſupplément de
décompte du pain.

X X.

IL ne ſera fait aucun payement ni décompte des payes
de gratification (à l'exception des Suiſſes & Griſons dont
il a été parlé) pendant les ſix mois d'hiver, elles ne
ſeront payées que ſur la revûe de mai, ſur le pied des
gradations portées par l'article XVIII.

Et pour exciter encore plus les Capitaines de Fuſiliers
à rendre leur compagnie totalement compléte au mois de
mai, Sa Majeſté veut bien accorder à ceux qui ſeront par-
venus à mettre leur compagnie à la première gradation du
complet, que les payes de gratification leur ſoient con-
tinuées ſur le pied de ladite revûe de mai, aux autres
revûes de l'été juſqu'au dernier octobre, à tel nombre
que leur compagnie y paſſe.

A l'égard des compagnies qui paſſeront à ladite revûe

de mai, à la feconde gradation & au deffous, les Capitaines recevront les payes de gratification pendant l'été, fur le pied de leur compofition auxdites revûes, fuivant les gradations portées par l'article XVIII de la préfente ordonnance.

X X I.

QUANT aux compagnies de Grenadiers, Sa Majefté voulant que les Capitaines remplacent dans les premiers jours de mars, les hommes qui manqueront à leur compagnie, en les tirant de celles de Fufiliers, ils recevront le fupplément de décompte du complet de la folde de leur compagnie, à commencer du premier novembre, fur la revûe qui leur fera faite pour les mois de mars & avril, laquelle fervira auffi pour le décompte des payes de gratification fur le pied complet, qui leur feront dûés du premier novembre; ne devant recevoir que la folde des hommes qui feront employez fur les revûes, à commencer dudit jour premier novembre, jufqu'à celle des mois de mars & avril: Entend néanmoins Sa Majefté que lefdits Capitaines entretiennent leur compagnie au complet, depuis ladite revûe jufqu'au dernier octobre fuivant.

COMPAGNIES de GRENADIERS.

A l'égard des compagnies du corps des Grenadiers de France, les Capitaines recevront le fupplément de décompte du complet de la folde feulement, (n'ayant point de payes de gratification) pour les quatre mois qui auront précédé celui de la revûe qui fera faite audit corps après l'arrivée des Grenadiers de remplacement qui auront été fournis par les Grenadiers-Royaux; & à cet effet les Commiffaires des guerres feront mention dans le texte de la première revûe où ces Grenadiers de remplacement feront employez, qu'elle doit fervir, tant au payement de la folde des compagnies pour le temps de ladite revûe, qu'au fupplément de décompte à faire par le Commis de l'extraordinaire des guerres, de la folde des Grenadiers qui auront manqué aux revûes des quatre mois précédens.

CORPS des GRENADIERS de FRANCE.

D ij

Et les unes & les autres compagnies seront payées pour le surplus du temps, suivant leur composition aux revûes, & relativement aux ordonnances de payement.

X X I I.

Avances aux Troupes pour faire des recrues.

SA MAJESTÉ voulant procurer aux Capitaines les moyens de faire des recrues, en attendant le bénéfice du complet de l'hiver, dont ils ne pourront jouir qu'au mois de mai de l'année suivante, Elle ordonne qu'il soit fait par le Trésorier général en exercice, une avance de trois mille six cens livres par bataillon d'Infanterie françoise, au départ des semestriers, dont la distribution sera faite par le Major, aux Capitaines de Fusiliers, proportionnément à leurs besoins;

Quatre mille cinq cens livres pour chaque bataillon du régiment Royal-Artillerie;

Quatre cens livres à chaque compagnie de Mineurs;

Trois cens livres pour chaque compagnie d'Ouvriers;

Quatre mille huit cens livres à chacun des régimens Royal-Italien & Royal-Corse;

Et trois mille six cens livres à chaque bataillon Irlandois, Ecossois, Allemand & Suisse.

Le Trésorier général sera remboursé de ces avances, tant au moyen de ce que Sa Majesté accorde en temps de paix à chaque compagnie pour tenir lieu d'étape aux recrues, que sur le supplément de décompte du complet & des payes de gratification de l'hiver, qui sera fait au mois de mai.

Défend Sa Majesté aux Commis de l'extraordinaire des guerres, de faire aucune autre avance aux troupes, que celles réglées par le présent article.

X X I I I.

LES trois compagnies franches Suisses & Grisonnes, d'Heuberger, Reynold, & de Travers, continueront d'être payées en conséquence de l'ordonnance de solde du premier décembre 1747, pour le nombre d'hommes qui passeront aux revûes, qui seront faites par appel à ces

compagnies

compagnies tous les deux mois, suivant ce qui est porté à l'article premier de la présente ordonnance, Sa Majesté ne jugeant pas à propos de les faire participer au bénéfice du complet de l'hiver.

X X I V.

SA MAJESTÉ ayant réglé par son ordonnance du 10 février 1748, la manière dont les revûes feroient faites par les Commissaires des guerres, aux compagnies détachées de l'Hôtel Royal des Invalides, pour servir au payement de la subsistance, Elle entend qu'elle continue à avoir son éxecution ; à l'exception seulement que les revûes n'en seront faites par appel que tous les deux mois, sur des contrôles revêtus des mêmes formalités prescrites par l'article premier de la présente ordonnance.

X X V.

Le régiment de Tournaisis, à qui il a été accordé un traitement particulier pour le temps qu'il servira en Corse, ne sera admis à participer au bénéfice accordé aux troupes par la présente ordonnance, qu'après son retour en France ; &, en attendant, il continuera d'être payé sur le pied des revûes qui lui seront faites, comme par le passé.

Les Piquets qui ont été tirez des régimens d'Infanterie françoise, ainsi que ceux des régimens suisse de Vigier, & grison de Salis, & de l'Infanterie allemande de Royal-Bavière & Bergh, & le détachement du bataillon de Saint-Clair du régiment Royal-Artillerie, pour servir en Corse, continueront d'y être payez de leur solde par à-compte, sur les revûes qui leur seront faites, lesquelles seront envoyées avec les reçus, aux Commis de l'extraordinaire des guerres où se trouveront leurs corps, pour être compris dans le décompte général du régiment, & servir au complet des compagnies & des payes de gratification : & à l'égard du traitement extraordinaire accordé à ces piquets pour leur service en Corse, le payement leur en sera fait par le Trésorier servant près lesdites troupes, & la dépense employée dans son compte.

E

Quant aux Piquets du régiment Royal - Italien, qui font auffi employez en Corfe, comme ils ne font plus partie de ce régiment, le décompte final de leur folde & de leur traitement extraordinaire, fera fait par ledit Tréforier, fur les revûes, & la dépenfe portée dans fon compte.

X X V I.

QUOIQUE la fubfiftance des troupes foit payée fur le pied de trente jours également par chaque mois, fans avoir égard au 31 des mois qui en ont ce nombre, ni au 28 ou 29 de février, cependant, lorfqu'elles marcheront fur leur folde le trente-unième jour d'un mois, la fubfiftance leur fera payée pour ledit jour; & fi c'eft dans le mois de février, elles ne la recevront que pour autant de jours qu'aura ce mois, ainfi qu'il en eft ufé pour l'étape.

MANDE & ordonne Sa Majefté aux Gouverneurs & Lieutenans généraux dans fes provinces, aux Gouverneurs de fes villes & places, à ceux qui y commandent, aux Infpecteurs généraux de fes troupes d'Infanterie françoife & étrangère, aux Intendans dans les provinces & fur les frontières, aux Commandans particuliers de chaque corps, aux Commiffaires des guerres ordonnez à leur police, & à tous autres fes Officiers qu'il appartiendra, de s'employer, chacun à fon égard, & felon qu'il leur eft prefcrit, à l'exacte obfervation & exécution de la préfente ordonnance, laquelle fera lûe à la tête des troupes, par les Commiffaires des guerres, à leur première revûe, afin qu'aucun n'en prétende caufe d'ignorance. FAIT à Verfailles, le premier juillet mil fept cens quarante-neuf. *Signé* LOUIS. *Et plus bas,* M. P. DE VOYER D'ARGENSON.

Modèle de Contrôle.

Infanterie

CONTROLLE de la Compagnie d
au Régiment d'Infanterie   de

OFFICIERS.

Le fieur	Capitaine.	*Marquer s'il eft préfent ou abfent par congé, femeftre, ou fans congé, depuis quel temps, & où il eft allé.*
Le fieur	Capitaine en fecond *ou* Lieutenant. *Idem.*	
Le fieur	Sous-lieutenant *ou* Enfeigne. . . . *Idem.*	

NOMS DE BAPTESME ET DE FAMILLE de chacun des hommes de la Compagnie.	NOM DE GUERRE.	AGE.	TAILLE.	Lieu de la naiffance, en marquant, favoir, pour les François, la généralité ou l'élection ; Et pour les Etrangers, fous la domination de quel Prince.	Préfens, malades *ou* abfens.
Sergent.					
Idem.					

RÉCAPITULATION.

Sergens & Soldats préfens. . . . .

Malades aux Hôpitaux *ou* à la chambre. . . . .

Abfens par congé. . . . .

TOTAL. . . . .

Nous Capitaine, Officiers fubalternes & Sergens de la compagnie d au régiment d   certifions le préfent contrôle véritable. FAIT à le   jour du mois d   1749.

bon par nous Commandant
u régiment

Vû bon par nous Major
du régiment